yukismart.com/b/6b3b56
AF365074
1
2

gatto

แมว

maeo

cane

สุนัข

sunak

pesce

ปลา

pla

uccello

นก

nok

gallina
แม่ไก่

mae kai

gallo
ไก่ตัวผู้

kaituaphu

pulcino
ลูกไก่

lukkai

uovo
ไข่

khai

mucca

วัว

wua

pecora

แกะ

kae

maiale

หมู

mu

capra

แพะ

phae

cavallo

ม้า

ma

asino

ลา

la

topo

หนู

nu

coniglio

กระต่าย

kratai

tacchino
ไก่งวง
kainguang

oca
ห่าน
han

pavone
นกยูง
nokyung

anatra

เป็ด

pet

anatroccolo

ลูกเป็ด

luk pet

cigno

หงส์

hong

libellula
แมลงปอ
malaengpo

mosca
แมลงวัน
malaengwan

formica
มด
mot

formichiere
ตัวกินมด
tuakinmot

coccinella

แมลงเต่าทอง

malaengtaothong

lombrico

ไส้เดือน

saiduean

lumacone

ทาก

thak

bruco

หนอนผีเสื้อ

nonphisuea

lumaca

หอยทาก

hoithak

farfalla

ผีเสื้อ

phisuea

cavalletta

ตั๊กแตน

takkataen

ape

ผึ้ง

phueng

miele

น้ำผึ้ง

namphueng

ragno

แมงมุม

maengmum

erba

หญ้า

ya

scarabeo

ด้วง

duang

zanzara

ยุง

yung

scorpione

แมงป่อง

maengpong

lucertola

กิ้งก่า

kingka

tartaruga

เต่า

tao

granchio

ปู

pu

gamberetto

กุ้ง

kung

aragosta

กุ้งมังกร

kungmangkon

balena

วาฬ

wan

squalo

ปลาฉลาม

plachalam

razza

ปลากระเบน

plakraben

delfino

โลมา

loma

riccio di mare
เม่นทะเล
menthale

medusa
แมงกะพรุน
maengkaphrun

calamaro
ปลาหมึก
plamuek

stella marina
ปลาดาว
pladao

gabbiano
นกนางนวล
noknangnuan

mare
ทะเล
thale

pellicano

นกกระทุง

nokkrathung

cormorano

นกอ้ายงัว

nok-aingua

conchiglie

เปลือกหอย

plueakhoi

sabbia

ทราย

sai

elefante

ช้าง

chang

zebra

ม้าลาย

malai

giraffa

ยีราฟ

yirap

serpente

งู

ngu

coccodrillo

จระเข้

chorakhe

leone

สิงโต

singto

tigre

เสือ

suea

ippopotamo
ฮิปโปโปเตมัส
hippopotemat

rinoceronte

แรด

raet

ghepardo

เสือชีตาห์

sueachita

cammello

อูฐ

ut

antilope

ละมั่ง

lamang

fenicottero

นกฟลามิงโก้

nok fla ming ko

struzzo

นกกระจอกเทศ

nokkrachokthet

cicogna

นกกระสา

nokkrasa

pappagallo

นกแก้ว

nokkaeo

gorilla

กอริลลา

korinla

scimmia

ลิง

ling

koala
โคอาล่า
kho-a la

panda
หมีแพนด้า
miphaenda

canguro
จิงโจ้
chingcho

riccio

เม่น

men

scoiattolo

กระรอก

krarok

lupo

หมาป่า

mapa

volpe

สุนัขจิ้งจอก

sunakchingchok

procione

แรคคูน

rae

orso

หมี

mi

cervo

กวาง

kwang

aquila

นกอินทรี

nok-insi

pipistrello
ค้างคาว
khangkhao

cinghiale
หมูป่า
mupa

corvo
อีกา
ika

gufo
นกฮูก
nokhuk

picchio
นกหัวขวาน

nokhuakhwan

puzzola
พังพอนเหม็น

phangphon men

talpa
ตุ่น

tun

castoro
บีเวอร์

bi woe

orso polare
หมีขั้วโลก
mikhualok

neve
หิมะ
hima

pinguino
เพนกวิน
phenkawin

gufo delle nevi
นกเค้าแมวหิมะ
nokkhaomaeo hima

foresta

ป่า

pa

montagna

ภูเขา

phukhao

narvalo

วาฬนาร์วาล

wan na wan

orca

วาฬเพชฌฆาต

wanphetchakhat

tricheco

วอลรัส

wonrat

foca

แมวน้ำ

maeonam